Questions

1 **Quel est le repas préféré de la coccinelle ?**

A Les pucerons.
B Les moucherons.
C Les papillons.

2 **Qu'est-ce qu'un bombyle ?**

A Un insecte avec une longue trompe.
B Un rongeur avec de grandes oreilles.
C Un poisson qui fait des bonds.

Questions

1 **À quoi servent les piquants du hérisson ?**

A À lui tenir chaud.
B À le protéger.
C À faire griller des chamallows.

2 **Où la grenouille passe-t-elle l'hiver ?**

A Sous un tas de feuilles
B Dans un trou sous la te
C Au fond de la mare.

Questions

1 **Comment s'appelle le bébé canard ?**

A Le coin-coin.
B Le canardon.
C Le caneton.

2 **Le canard nage très bien,**
si...

rbres.
airs.
ous.

Réponses

1 (C) Le bébé canard, c'est le caneton. Tout petit, il sait déjà nager et capturer des mini-proies, mais il ne vole pas encore. Sa maman le protège et le réchauffe sous ses ailes.

2 (B) Le canard vole très bien dans les airs. Il décolle directement de la surface de l'eau, sans prendre d'élan ! Pour voler plus vite, il tend ses pattes, son bec et son cou.

Réponses

1 (B) Ses piquants servent à le protéger des prédateurs. Lorsqu'il se sent en danger, le hérisson se met en boule, ne laissant apparaître que les piquants.

2 (C) La grenouille passe l'hiver au fond de la mare, blottie dans la vase. Engourdie par le froid, elle ne mange plus pendant plusieurs mois et respire tout doucement, à travers sa peau !

Réponses

1 (A) La coccinelle raffole des pucerons, ces petites bêtes qui dévorent les plantes du jardin. Elle se régale aussi du pollen des fleurs.

2 (A) Un bombyle est un insecte avec une longue trompe. Elle lui sert à aspirer le nectar sucré des fleurs. Miam !

BULLETIN DE COMMANDE

Boutique	**Prix unit.**	**Quantité**	**Prix total**
Petites histoires naturelles *Le Gros Mensonge de Nino*	**14 €**		
Bizarbres mais vrais !	**18 €**		
Téquitoi *Les Copains de la petite salamandre - Tome 1*	**14,90 €**		
La nature en famille - *Hiver*	**14,95 €**		

Total boutique (hors frais de port)

Port et emballage 6 € *
(offerts dès 60 € de commande boutique)

Total boutique
(y compris frais de port)

Abonnements *		**Prix unit.**	**Quantité**	**Prix total**
Petite Salamandre pour les **4-7 ans**	**Nouveau !** 1 an : 6 nos + 6 posters **+ 2 hors-séries**	**39 €**		
	1 an : 6 nos + 6 posters	**29 €**		
Salamandre Junior pour les **8-12 ans**	**Nouveau !** 1 an : 6 nos + 6 posters **+ 2 hors-séries**	**39 €**		
	1 an : 6 nos + 6 posters	**29 €**		
Revue Salamandre	1 an : 6 nos + 6 Miniguides	**39 €**		
	1 an : 6 nos + 6 Miniguides **+ 3 films inédits**	**69 €**		

Total abonnements
(frais de port inclus)

Total à payer

* Offre valable en France métropolitaine. Pour les DOM-TOM et l'étranger, nous consulter.
Tarifs valables jusqu'au 31.08.2020. Dans la limite des stocks disponibles. En application de l'article 27 de la loi du 06/01/1978, les informations qui vous sont demandées sont indispensables au traitement de votre abonnement et sont communiquées aux destinataires le traitant. Vous bénéficiez d'un droit d'accès et de modification des données qui vous concernent. Plus d'infos sur : salamandre.org/RGPD.

P028

BULLETIN DE COMMANDE

Adresse de facturation

Prénom : ....

Nom : ....

Adresse : ....

....

CP / Ville : ....

E-mail : ....

Tél. : .... Date de naissance : ___/___/______

Adresse de livraison*
(si différente de l'adresse de facturation)

Prénom : ....

Nom : ....

Adresse : ....

....

CP / Ville : ....

E-mail : ....

Tél. : .... Date de naissance : ___/___/______

* Le destinataire recevra une lettre précisant que c'est un cadeau de votre part.

Mon paiement

◯ Chèque à l'ordre de *La Salamandre*

◯ Carte (Bleue / Visa / Eurocard MasterCard)

N° de téléphone ☐☐-☐☐-☐☐-☐☐-☐☐
(obligatoire pour ce type de paiement)

N° ☐☐☐☐-☐☐☐☐-☐☐☐☐-☐☐☐☐

Date d'expiration ☐☐/☐☐

Cryptogramme visuel** ☐☐☐

** les 3 derniers chiffres se trouvent au dos de votre carte de crédit, près de votre signature.

le ____ / ____ / ____ , signature (obligatoire) :

Merci de retourner ce bulletin accompagné de votre règlement à :

Abonnements La Salamandre
BP 90053 – 67402 ILLKIRCH Cedex
Tél. : 03 88 66 86 38
abonnements@salamandre.org

Sommaire

N° 28
Février - mars 2020

+

Ton super poster !

P'tit + WEB petitesalamandre.org

Dès que tu vois ce logo, c'est qu'une surprise t'attend sur le site : vidéos, sons, coloriages…

La coccinelle

Belle du jardin !

Comme tous les matins de février, l'air est bien frais. **Sam la petite salamandre** va se promener. Le jardin commence à s'animer : eh oui, le printemps approche. Tiens, là, une jolie fleur pousse.

Oh, mais voilà qu'au milieu du lierre, une p'tite bête se met à bouger…

T'es qui toi ?

La coccinelle, voyons. Tu ne reconnais pas ma robe rouge à points noirs ? Hé, mais tu m'as réveillée !

Oh, pardon : tu dormais encore ? Moi, c'est Sam.

Oui, j'ai dormi tout l'hiver, bien au chaud sous cette feuille de lierre, avec mes amies coccinelles. Comme beaucoup d'autres insectes, j'hiberne quand il fait froid.

Je vois... Qu'est-ce que c'est, ce bruit ?!

Ça doit être mon ventre qui gargouille, j'ai une faim de loup. Et après 6 mois sans manger... c'est pire !

Ah, tu es gourmande ? Que manges-tu ?

J'adore... non, je raffole des pucerons ! Les jardiniers me remercient : je les débarrasse des p'tites bêtes qui dévorent les plantes du potager. Je me régale aussi du pollen des fleurs. Une vraie gloutonne, hein ?

Illustrations : Émilie Vanvolsem.

C'est sûr. Alors bon appétit, demoiselle coccinelle.

Merci Sam, reviens me voir dans quelques jours : j'aurai bien grossi !

C'est promis, à bientôt.

Top chrono !!

**La taupe creuse des galeries sous terre.
Elle a fait 3 taupinières pour sortir. Mais le jardinier en a rebouché 2 !
Vite, aide-la à trouver la sortie.**

Où est l'intrus ?

Dans chaque ligne, trouve l'intrus et complète-le pour qu'il soit comme les autres.

Le bourdon a 2 rayures jaunes au milieu de ses poils noirs.

L'araignée a 8 pattes et non 6 comme les insectes.

La coccinelle a 7 points noirs sur sa carapace rouge.

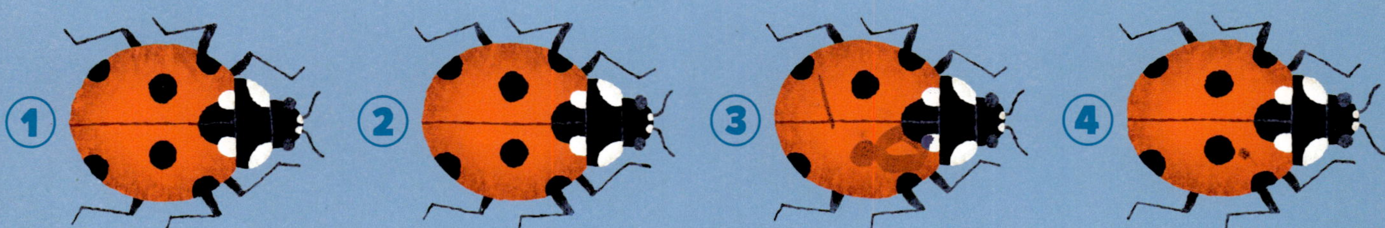

La mouche a une trompe pour aspirer sa nourriture.

Fleurs jumelles

Dans la prairie, des fleurs sauvages commencent à pousser. Retrouve les 2 identiques et entoure-les.

Ou comme chou !

Entoure les animaux dont le nom contient le son « ou ».

Photo mystère

Qu'est-ce que c'est ?

- [ ] **Une feuille**
- [ ] **Un papillon**

Dessine-moi un canard

Suis les étapes pour dessiner ton canard.
Tu peux repasser sur les modèles pour t'entraîner.

Solutions p. 33

P'tit + WEB petitesalamandre.org

Des coloriages à télécharger.

La gelée du matin

Ce matin, il fait si froid
que la campagne est toute gelée.
Regarde bien l'image
et coche les bonnes réponses.

Le renard

Il saute sur les rongeurs
pour les attraper.

☐ **VRAI** ☐ **FAUX**

Le chat sauvage

Il fait ses griffes
sur les arbres pour
marquer son territoire.

☐ **VRAI** ☐ **FAUX**

Le corbeau

C'est un solitaire :
il vit toujours seul.

☐ **VRAI** ☐ **FAUX**

La pie

Elle construit
un nid pour accueillir
ses petits.

☐ **VRAI** ☐ **FAUX**

L'araignée

Sa toile résiste au gel :
elle ne se casse jamais.

☐ **VRAI** ☐ **FAUX**

Illustrations : Chloé du Colombier.

LE CANARD
star de la mare

Brrrr, quel froid ce matin. Un vrai froid… de canard ! Pourtant, sur la mare, les canards s'activent et offrent un beau spectacle. Eux, ils ne sont pas frileux ! Au programme : nage, danse et chant. Peu importe le décor, les canards sont à l'aise partout : en ville ou à la campagne, sur l'eau, sur terre ou dans les airs.

Sam va assister au spectacle. Tu viens aussi ?

Qui est-il ?
Nom : canard colvert
Classe : oiseaux
Taille : 65 cm
Poids : environ 1 kg
Habitat : étangs, mares, marais et rivières

Un dossier écrit par Pascale Hédelin.

P'tit + WEB petitesalamandre.org
Découvre le spectacle des canards en vidéo.

COSTUMES DE SCÈNE

Pour nager, voler et avoir bien chaud, le canard colvert a un secret : il a un costume de bain parfait !

Duo de stars

C'est facile de distinguer monsieur et madame canard : ils ont des costumes de couleurs différentes. Mais tous les deux portent un bandeau bleu bordé de blanc sur les ailes.

Tenue de bain

Quand on vit sur l'eau, pas question d'être trempé sans arrêt. Pour rendre son plumage imperméable, le canard prélève avec son bec une huile spéciale, contenue dans une petite boule sous sa queue. Il l'étale sur ses plumes et le tour est joué !

Des rames palmées

Pour nager, il rame avec une patte, puis l'autre. Comme ses pattes sont palmées, la peau tendue entre ses trois doigts repousse l'eau. Ainsi, il peut barboter tranquillement, mais aussi nager très vite facilement.

Froid, lui ? Jamais !
Son ventre, en contact avec l'eau, est couvert d'un duvet épais. Et sous sa peau, une couche de graisse le protège du froid.

Et des bouées !

Les grandes plumes de ses ailes et ses os sont tout légers. Et son corps contient des petites poches remplies d'air, comme des bouées. Cela lui permet de flotter sans se fatiguer.

Photos : © Simon Vasut - Shutterstock (p. 14-15), © merrimonc - Adobe (p. 14), © tzahiV - Istock(p. 15).

LA DANSE DES CANARDS

Sur l'eau, sur terre ou dans les airs, le canard fait son numéro ! Et le spectacle ne s'arrête jamais, même à l'heure du dîner.

Show sur l'eau

Le canard mange en surface ou pêche. Pour se nourrir sous l'eau, il ne plonge pas. Il fait la culbute, la tête la première et la queue en l'air. Il détecte la nourriture en tâtant avec son bec et sa langue.

Menu aquatique

Toc ! le canard saisit une algue. Il se régale surtout d'herbes qu'il coupe avec son bec tranchant, de graines qu'il picore à terre ou de plantes aquatiques. Il apprécie aussi les têtards, les petits poissons, les vers ou les escargots.

Attention !

Ne donne pas de pain aux canards. Ils le digèrent mal, c'est mauvais pour eux. Lance-leur plutôt des graines ou des petits pois : c'est sans danger et ils adorent ça.

Ballet aérien

Le spectacle commence !
En l'air, la star des bassins fait des petits battements d'ailes rapides, pleins d'énergie. Pour aller plus vite, il vole avec ses pattes, son bec et son cou tendus. Il peut atteindre 80 km/h, la vitesse d'une voiture sur la route.

Pas de danse

Le canard décolle directement de la surface de l'eau. Il déploie ses ailes et s'envole en poussant sur ses pattes, sans prendre d'élan. Pour se poser sur la mare, il lance ses pattes en avant et freine avec les ailes.

UN SPECTACLE FAMILIAL

**Sur la mare, les canards chantent, dansent et se rencontrent.
Bientôt, toute la famille va s'agrandir.
Bienvenue, les canetons !**

L'amour à la mare

En février, tous en scène ! C'est l'heure de la grande représentation sur l'eau. Pour se fiancer, des troupes géantes se réunissent. Les mâles dansent, se dressent, projettent de l'eau… pour plaire aux femelles. Il y a aussi de la bagarre dans l'air !

Graines d'artistes

Au début du printemps, la femelle fait un nid au sol, avec des herbes et du duvet de sa poitrine. Elle pond 8 à 12 œufs, qu'elle couve patiemment. Un mois plus tard… craac ! les canetons cassent leurs coquilles d'un coup de bec.

Tous en chœur

Le canard colvert est bavard et bruyant : « Coin coin ! » Il se déplace toujours en bande. Si un membre de la troupe trouve à manger, les autres le suivent. Et si l'un d'eux repère un danger, il lance l'alerte et vite, tous s'envolent.

À la queue leu leu

Dès leur naissance, la cane emmène ses petits à l'eau. Ils trottinent en file indienne et en rythme… puis hop ! tous à l'eau. Ils nagent et capturent des proies, mais ils ne volent pas encore. Leur maman les surveille, les protège et les réchauffe sous ses ailes.

Nouvelles stars

Au bout de 7 semaines environ, les canetons quittent leur maman. Les voilà prêts à faire leur propre spectacle, comme des grands !

Le carnaval des animaux

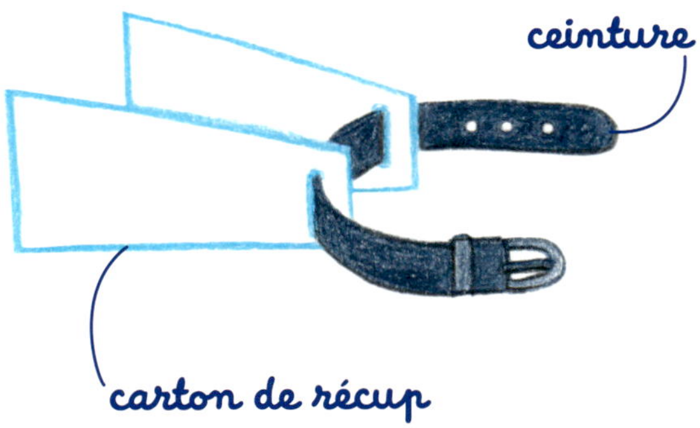

Le p'tit geste nature

Fabrique tes masques et tes percussions avec du matériel de récup et des trésors de la nature. Organise un joyeux défilé avec tes copains : plaisir garanti !

Conception et illustrations : Danièle Schulthess.

Chips de légumes

Il te faut

- légumes bio épluchés, lavés et séchés
- 2 c. à s. d'huile
- 1 c. à c. de sel
- 1 c. à c. de paprika

1

Mélange les légumes avec l'huile, le sel et le paprika.

2

Étale-les sur un papier cuisson, sans qu'ils se touchent.

3

Fais cuire au four à 200 °C pendant environ 20 min. Déguste aussitôt !

Vitres anti-collision

LE MILAN

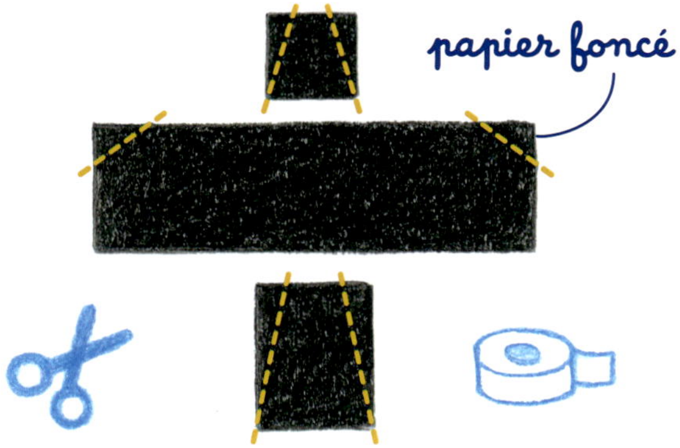

LE FAUCON

Conseil

Colle tes rapaces sur les fenêtres : en les voyant, les oiseaux évitent de s'y cogner.

Conception et illustrations : Danièle Schulthess.

Avec Crousti et Pioupiou, découvrir la nature, c'est facile comme tout !

C'est le moment de...

CARESSER
la ciboulette qui repousse

C'est tout doux !
Pousse vite, ma belle, je te ferai une petite coupe de cheveux !

GOÛTER
le pomelo

Miam ! J'aime celui à la pulpe rouge : il est juteux, sucré... et vitaminé !

ÉCOUTER
la grêle

PLIC PLIC PLIC

C'est le bruit des petites billes
de glace qui tombent sur le sol gelé.

SURPRENDRE
un bombyle

Son corps est tout poilu
et sa longue trompe
est parfaite pour aspirer
le nectar sucré des fleurs.

Textes et illustrations : Danièle Schulthess. Photos : © happy_author (p. 24), © radub85 (p. 25) - Adobe.

OBSERVER
le premier citron volant

Coucou papillon !
Alors, bien dormi cet hiver ?
Tu cherches des fleurs à butiner ?

Patience, Charlie !

Charlie est un chat. Mais attention, un chat... sauvage ! Il vient de quitter sa maman pour vivre seul dans la forêt. Il a hâte de se débrouiller comme un grand. Plein d'énergie, il est toujours pressé. Et tout le temps affamé.

Aujourd'hui, il fait le tour de son territoire, fièrement.

– J'ai faim, j'ai très très faim ! se dit-il.

À cet instant, il entend un petit cri :

– Tchiiip !

C'est une mésange, posée sur une souche d'arbre.

– Miam ! s'écrie Charlie.

Il se précipite pour la gober... mais la mésange s'est déjà envolée. Charlie est contrarié.

Il poursuit son exploration, grimpe dans un arbre, ne trouve rien, redescend…
Près de la mare, il aperçoit une grenouille qui rêvasse.
– Mâouuu ! je te tiens, miaule-t-il.
Et il s'élance vers elle. Mais plouf ! la grenouille saute aussitôt à l'eau.
– Grrr, encore raté ! rugit Charlie. Je ne comprends pas, je suis rapide pourtant.

Une voix chevrotante lui parvient alors du haut d'un chêne :
– Houh-houuu ! Il ne suffit pas d'être rapide, mon petit.
C'est une vieille chouette perchée là-haut sur une branche.
– Je suis sûre que ta mère t'a donné de bons conseils pour chasser, ajoute la chouette.
En effet, la maman de Charlie lui répétait souvent la même chose… mais quoi déjà ? Toujours pressé, il ne l'écoutait que d'une oreille.

L'histoire

– Bon, observe-moi, lui dit la chouette.
Charlie la regarde. Mais… elle ne fait rien !
Perchée sur sa branche, elle reste longtemps sans bouger une plume. C'est très long, trop long, Charlie en a assez !
– C'est idiot ! Quand est-ce qu'elle va se décider à bouger ? s'impatiente-t-il.

Enfin, la chouette déploie ses ailes sans un bruit et vole comme une flèche sur un mulot. Occupé à grignoter une graine, il ne l'a pas vue arriver.

– Tu as compris ? dit la chouette à Charlie.
Attends, écoute, guette.
– Bon, je vais peut-être essayer, admet Charlie, pas très convaincu.

Le chat sauvage gagne la lisière de la forêt et se poste au bord de la prairie. Immobile, il écoute, observe, flaire... Rien. Pas un bruit, pas un mouvement, pas une odeur. Au bout de cinq minutes, il est prêt à s'en aller. Mais il a faim, très très faim... Soudain, il se souvient : « Patience, il faut de la patience ! » Mais oui, c'est ça que disait maman.

Alors il attend, longtemps, sans bouger d'un poil.

C'est terriblement long...

Soudain, une souris surgit dans l'herbe. Charlie a très envie de se précipiter, mais non, il attend le bon moment.

Voilà, le rongeur a le dos tourné.

À pas de velours, lentement, Charlie avance vers lui, au ras du sol. Il s'arrête, s'approche encore... et une fois tout près, il bondit et l'attrape par surprise. Gagné !

– Bien joué ! lui crie la chouette.

– Merci, répond Charlie.

Il a compris. Et il pense fort à sa maman : elle serait fière de lui.

Texte : Pascale Hédelin. Illustrations : Mylène Rigaudie.

P'tit + WEB petitesalamandre.org

Les secrets du chat sauvage, en vidéo.

Nous on aime

Documentaire

Dès 4 ans

Les P'tites Coccinelles

Tu as envie d'en apprendre plus sur la coccinelle ? Découvre vite ce beau documentaire, illustré par Chloé du Colombier, l'illustratrice des jeux de *Petite Salamandre*. Cette p'tite bête du jardin n'aura plus de secrets pour toi !

Éditions du Ricochet, mars 2020

Exposition

Dès 3 ans

4 saisons

Tout au long de l'année, la météo change. Il pleut, il neige, il fait froid, il fait chaud et parfois même très chaud... Avec cette chouette exposition, tu sauras tout sur ces phénomènes compliqués ! Le plus ? Des expériences pour apprendre en s'amusant !

Jusqu'en juin 2020 (mercredis et samedis), à Présilly, maisondusaleve.com

Festival

RENCONTRES CINÉMA NATURE RCN

En famille

Rencontres cinéma-nature

Bienvenue au festival Rencontres cinéma-nature ! Au programme cette année : des films, des expos-photos et même des concerts. Pour les enfants, l'espace « P'tits Terriens » organise des activités, des jeux et un super ciné-goûter !

3, 4 et 5 avril 2020, à Dompierre-sur-Besbre, rencontres-cinema-nature.eu

Exposition

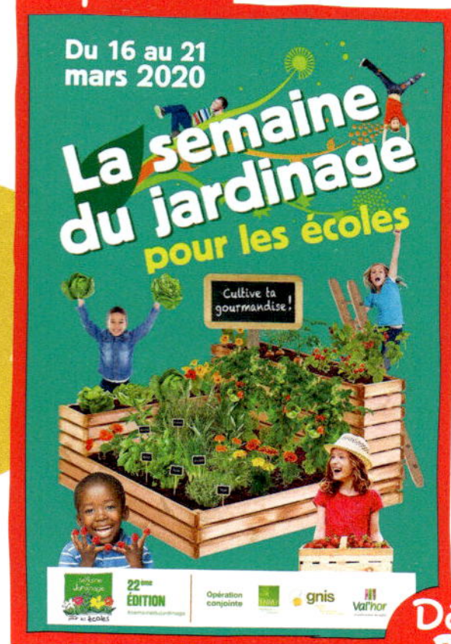

Dès 3 ans

Semaine du jardinage pour les écoles

Participe avec tes copains et ton enseignant à la Semaine du jardinage pour les écoles. Direction la jardinerie pour des ateliers sur le thème de la gourmandise ! Miam, partez à la découverte de nombreux fruits et légumes, et découvrez comment les faire pousser !

Du 16 au 21 mars 2020, jardinons-alecole.org

Documentaire

Dès 4 ans

La Nuit lumineuse

Dans l'obscurité, mille lumières attisent notre curiosité. Étoiles filantes, yeux du lynx, mille-pattes lumineux... Cet album fascinant nous éclaire sur les trésors de la nuit. Dans les forêts, les villes ou les océans, partons à la recherche de tout ce qui brille !

Rue du monde, septembre 2019

Album

Dès 5 ans

Engloutis !

Quelque chose approche... C'est Escargot qui se fait attraper le premier alors qu'il grignotait un pissenlit. Hop, avalé tout entier. Puis Bourdon, Crapaud, Vipère et Tortue. Bientôt, Loir aussi, Marmotte le suit de peu. Mais qu'est-ce qui engloutit tous ces animaux ? Une histoire pleine de mystères.

Éditions MeMo, novembre 2019

Chloé, dessine-moi des jeux

Chloé du Colombier

Illustratrice des jeux

Ce que je préfère, c'est dessiner pour les enfants !

C'est toi qui illustres les jeux de *Petite Salamandre* ?

Oui, et j'adore ça ! C'est super d'apprendre aux enfants à connaître et reconnaître les plantes et les animaux sauvages… tout en s'amusant !

Enfant, tu adorais déjà la nature ?

Mes parents avaient une ferme avec des chèvres et des moutons. Je parlais aux fourmis, grimpais aux arbres, patouillais la terre… Dans la nature, je me sentais libre et sauvage.

étape 1 : le collage

Dès que tu reçois les jeux, tu prends ton crayon…

Non, pas tout de suite. Avant, je regarde des photos et dessins. J'ai besoin de voir l'animal en mouvement ! Comment bouge le renard qui saute sur un rongeur, par exemple.

étape 2 : le crayonné

D'où l'étape collage de photos ?

Le collage me permet de travailler la composition de l'image. Très utile pour la grande image des jeux ! À la table lumineuse, je dessine tout au crayon, puis au feutre fin. Et j'ajoute les couleurs à l'ordinateur.

Photos : © Chloé du Colombier.

Son dernier livre : *Les P'tites Coccinelles*, éditions du Ricochet, 19 mars 2020

Propos recueillis par Isabelle Desprez

Solutions des jeux

Page 6

Top chrono
Chemin 2.

Page 7

Où est l'intrus ?
Bourdon : 2, araignée : 1, coccinelle : 3, mouche : 4.

Page 8

Fleurs jumelles

Ou comme chou !
Hibou, grenouille et loup.

Photo mystère
C'est un papillon : le citron.

Page 10-11

La gelée du matin
Renard : vrai, chat : vrai, corbeau : faux, pie : vrai, araignée : faux.

petite salamandre 4-7 ans
N° 28 | Février - mars 2020
5e année, bimestriel

Adresse Suisse
Petite Salamandre
Rue du Musée 4, 2000 Neuchâtel
Tél. : 032 710 08 25
info@petitesalamandre.org
Adresse France
Petite Salamandre
BP 90053, 67402 Illkirch Cedex
Tél. : 03 88 66 86 38
abonnements@salamandre.org
Adresse Belgique et Luxembourg
Petite Salamandre / Forêt.Nature
Rue de la Plaine, 9
B-6900 Marche-en-Famenne
Tél. : 084 313 116
info@salamandrebelux.net

Directeur de la publication
Julien Perrot
Directrice de la rédaction
Claire Kowalski
Rédactrice en chef adjointe
Isabelle Desprez
Éditrice
Émilie Teixeira
Première Rédactrice graphiste
Pauline Maury
Maquettiste
Marion Piauley
Conseiller scientifique
Sébastien Poiret
Correctrice
Claire Debout
Illustratrice mascotte
Émilie Vanvolsem
Ont collaboré à ce numéro
Armelle Lassoureille Chatel, Marie-Pierre Visentin (conseillère pédagogique)

Directeur adjoint
Baptiste Pfeiffer
Promotion & partenariats
Vanessa Grémaux, Charlotte Grimm, Aude Simon-Curot
Abonnements & administration
Mélanie Schafter Contini, Éric Holzer, Mathieu Reber, Martine Moulin, Silvia D'Angelo

Imprimeur
L'Imprimeur Simon
ZI Rue Noirichaud, 25290 Ornans (France)
Petite Salamandre (encart compris) est imprimée avec des encres sans COV.
Papier Freelife silk, origine Italie, 57% de fibres recyclées, eutrophisation (P tot) 0,0046 kg/T.
Loi n° 49-956 du 16 juillet 1949 sur les publications destinées à la jeunesse.

IMPRIM'VERT®

MIXTE
Papier issu de sources responsables
FSC® C041192
FSC www.fsc.org

salamandre
Les éditions de La Salamandre Sàrl
Adresse Suisse
Rue du Musée 4, 2000 Neuchâtel
Adresse France
BP 75 - ZI Rue Noirichaud, 25290 Ornans
Dépôt légal à parution
N° ISSN 2297-5063
N° CPPAP 0922 K 92835

Boutique Salamandre

Petites histoires naturelles

Le gros mensonge de Nino

Nino perd le porte-bonheur de Pacha le chamois et accuse Banjo le lièvre. Quel vilain mensonge… Une jolie histoire sur l'importance de l'amitié et de l'honnêteté.

Format : 28 x 21,5 cm, 36 pages
Un livre Salamandre

Dès 4 ans

Bizarbres mais vrais !

Et si les arbres nous racontaient leurs histoires ? Mais attention, pas n'importe quels arbres, des arbres étonnants, exceptionnels et inoubliables.

Format : 23,5 x 32 cm, 40 pages
Un livre Plume de carotte

Dès 6 ans

Nouveauté

Téquitoi

Les Copains de la petite salamandre - Tome 1

Une super-compilation pour partir à l'aventure avec Sam la petite salamandre. Tu feras d'étonnantes rencontres : une demoiselle coccinelle, une grenouille fripouille et même un hibou casse-cou !

Format : 18 x 18 cm, 102 pages
Un livre Salamandre

Dès 4 ans

La nature en famille

Hiver

Comment ne pas s'ennuyer quand il fait si froid dehors ? Vite, découvrez 101 activités à faire avec les enfants par tous les temps, dehors comme dedans !

Format : 16 x 21,5 cm, 164 pages
Un livre Salamandre

Pour les petits et les grands

salamandre

Prix et conditions de vente de ces produits sur le bulletin de commande ci-contre ou sur boutique.salamandre.net